나는 네가
너의 마음을
잘 들여다보고
제대로 전달할 수
있으면 좋겠어!

차례

내 마음은……	포근하다	4
내 마음은……	신나다	6
내 마음은……	두렵다	8
내 마음은……	새롭다	10
기대한 일이 잘 안 될 때	네 마음은 지금 어때?	12
마음 온도 올리기	오늘 스타일은? 내 마음대로!	14
시나모롤이 전하는 행복 메시지	밖으로 나가자!	16
시나모롤이 전하는 행복 메시지	같이 책 읽자!	18
두근두근 마음 요리		20
어서 오세요!	시나모롤의 색다른 빵집입니다!	22

내 마음은……	조마조마하다	24
내 마음은……	뿌듯하다	26
내 마음은……	의지하다	28
내 마음은……	바라다	30
뜻밖의 실수를 했을 때	괜찮아! 그럴 수 있어!	32
마음 온도 올리기	나의 마음을 색으로 나타내자!	34
마이멜로디가 전하는 행복 메시지	때로는 기다려!	36
마이멜로디가 전하는 행복 메시지	누군가 널 좋아하고 있어!	38
나는 너를 기대해!		40
어서 오세요!	마이멜로디의 숲속 책방입니다	42

내 마음은……	좋아하다	44
내 마음은……	쉬다	46
내 마음은……	맑다	48
내 마음은……	활기차다	50
중요한 일을 앞두고 있을 때	아, 내일 시험 어쩌지? 걱정돼!	52
마음 온도 올리기	너무 고민하지 마!	54
포차코가 전하는 행복 메시지	달달한 걸 먹자!	56
포차코가 전하는 행복 메시지	고민은 나눠 봐!	58
쑥쑥 뽑아드려요!		60
어서 오세요!	포차코 상점에 오신 걸 환영합니다!	62

내 마음은…… 만족하다	64
내 마음은…… 열정적이다	66
내 마음은…… 주저하다	68
내 마음은…… 부끄럽다	70
의외의 상황에 처했을 때 어? 내 차례인데?	72
마음 온도 올리기 벚나무의 벚꽃과 버찌	74
헬로키티가 전하는 행복 메시지 예쁘게 꾸미자!	76
헬로키티가 전하는 행복 메시지 규칙적으로 생활하자!	78
나의 자랑	80
어서 오세요! 헬로키티 옷가게에 오신 걸 환영합니다!	82

내 마음은…… 느긋하다	84
내 마음은…… 설레다	86
내 마음은…… 힘차다	88
내 마음은…… 그립다	90
세상에 혼자만 남은 것 같을 때	92
마음 온도 올리기 아모르파티!	94
쿠로미가 전하는 행복 메시지 너를 위해 기도할게!	96
쿠로미가 전하는 행복 메시지 넘어지면 어때?	98
혼자 말고 함께!	100
어서 오세요! 쿠로미 놀이공원에 오신 걸 환영합니다!	102

내 마음은…… 기쁘다	104
내 마음은…… 낯설다	106
내 마음은…… 힘들다	108
내 마음은…… 열다	110
무리한 부탁을 받았을 때 곤란한데, 어쩌지?	112
마음 온도 올리기 아, 행복해~!	114
폼폼푸린이 전하는 행복 메시지 행복을 키우자!	116
폼폼푸린이 전하는 행복 메시지 내가 꼬옥 안아 줄게!	118
행복은 바로 가까이에!	120
어서 오세요! 폼폼푸린 제과점에 오신 걸 환영합니다!	122
내 마음 표현하기 알맞은 단어 연결하기	124
심리테스트1 원하는 아이스크림을 골라 봐.	126
심리테스트2 호감이 가는 반려견을 골라 봐.	127
심리테스트1,2 결과 나에게 맞는 스트레스 해소법/ 쉬는 날 하고 싶은 것	128

Cinnamoroll

인형을 안으면 포근해!

내 마음은……

따뜻하다
감정, 태도 등이 정답고 포근하다.
"엄마의 따뜻한 눈빛은 날 안심시켜!"

아늑하다
포근하게 감싸 안기듯 편안한 느낌이 있다.
"아늑한 봄 햇살에 잠이 와."

포근포근

편안하다
편하고 걱정 없이 좋다.
"긴장 풀고 편안하게 생각하자."

 내 마음은……

즐겁다
마음에 걸리는 것 없이
흐뭇하고 기쁘다.
"난 노래를 부를 때
즐거워."

흥분하다
자극을 받아 감정이
격하게 일어나다.
"합격 소식에 흥분해
소리질렀어."

두근 두근

유쾌하다
즐겁고 상쾌하다.
"친구의 유쾌한 웃음소리가
좋아!"

첫 만남은 원래 떨리지만,
벌과의 만남은 두려워!

 내 마음은……

떨리다
몹시 추워지거나 두려워지다.
"나는 발표 때마다 가슴이 떨려."

땀나다
굉장히 힘들거나 긴장되고 애가 타다.
"오해를 푸느라 땀났어."

콩닥콩닥

긴장하다
마음을 조이고 정신을 다잡다.
"사고가 날까 봐 긴장했어."

Cinnamoroll

새롭다

완전 새로운 게임이야!

신선하다
새롭고 산뜻하다. / 채소나 과일, 생선 따위가 싱싱하다.

"신선한 공기를 마시니 살 것 같아!"

참신하다
매우 새롭고 신선하다.

"와, 참신한 생각인데?"

우아!

산뜻하다
기분이나 느낌이 깨끗하고 시원하다.

"땀 흘린 몸을 씻으니 산뜻해!"

네 마음은 지금 어때?

마음에 드는 옷 고르기

아침에 일어나 날씨에 맞는 옷과 소품을 선택하듯
나의 마음과 기분에 따라 스타일을 완성해 봐.
거울에 비친 자신의 모습을 보며 만족스러운 웃음이 나온다면,
오늘 마음의 온도 올리기 성공!

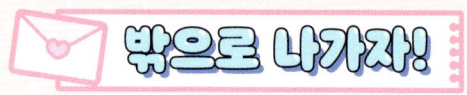

따뜻한 햇살을 받으면······

시나모롤이 전하는 행복 메시지

쑤욱!

없던 기운이 솟아나~!

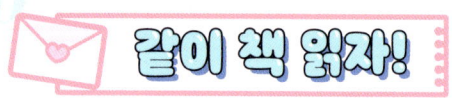

같이 책 읽자!

책에 집중하다 보면······

시나모롤이 전하는 행복 메시지

두근두근 마음 요리

보글보글 큰 냄비에
휙휙 커다란 국자를 저어
부드러운 수프처럼,
구수한 청국장처럼,
매콤한 김치찌개처럼

내 마음을
요리할 수 있다면
얼마나 좋을까?

갓 구운 따끈한 팬케이크에
달달한 시럽을 뿌리고,
새콤달콤한 과일로 꾸민 후,
차가운 아이스크림을 올리듯

내 마음을
요리할 수 있다면
얼마나 좋을까?

어서 오세요!
시나모롤의 색다른 빵집입니다!
원하는 메뉴를 골라 주세요!

겉은 딱딱하지만
안은 촉촉한 **바게트**

냉철함과 따뜻함 모두
놓치고 싶지 않은 분께 추천!

쫀득쫀득 꾸덕꾸덕 **크림빵**

진~~한 인간미를
갖고 싶은 분께 추천!

담백하고 촉촉한 **식빵**

감정에 휘둘리지 않고
평정심을 유지하고 싶은 분께 추천!

짜지만 중독성 있는 **프레첼**
강한 매력과 인상을
남기고 싶은 분께 추천!

폭신폭신 촉촉한 도넛
부드럽고 상냥한 마음을
갖고 싶은 분께 추천!

향긋한 팬케이크
튀지 않은 은은한 매력을
갖고 싶은 분께 추천!

조마조마하다

My Melody

떨어뜨릴까 봐 조마조마해!

내 마음은……

아슬아슬하다
일이 잘 안 될까 봐 두려워서 마음이 조마조마하다.
"후유, 마감 시간 안에 아슬아슬하게 끝냈어."

애쓰다
무엇을 이루려고 마음과 힘을 다해 힘쓰다.
"지각 안 하려고 애썼어."

위태롭다
어떤 상황이 마음을 놓을 수 없을 만큼 위험한 듯하다.
"내 점수로는 졸업이 위태로워."

어떡해!

뿌듯하다

할 일을 끝냈더니 뿌듯해!

 내 마음은……

대견하다
흐뭇하고 자랑스럽다.
"처음 가는 길을 한 번에 찾다니 대견해!"

자랑스럽다
남에게 드러내어 뽐낼 만한 데가 있다.
"반 대표로 상을 받은 내가 자랑스러워."

흐뭇하다
불만 없이 매우 만족스럽다.
"퍼즐을 모두 완성해 흐뭇해."

척 척

의지하다

내가 도울게.
걱정 말고 날 의지해!

 내 마음은……

믿다
따르고 의지하다.
"난 언제나 널 믿어!"

긴밀하다
서로의 관계가 매우 가까워 빈틈이 없다.
"우리 사이는 가족처럼 긴밀해."

신뢰하다
굳게 믿고 의지하다.
"엄마, 아빠는 서로를 신뢰해."

알콩   달콩

바라다

지금 이 순간이 영원하길 바라!

 내 마음은……

기대하다
일이 원하는 대로 이루어지기를 바라면서 기다리다.
"네가 날 좋아하길 기대했어."

간절하다
바라는 정도가 매우 절실하다.
"외국으로 떠난 친구가 간절히 보고 싶어!"

제발!

원하다
무엇을 바라거나 하고자 하다.
"모두 행복하길 원해!"

뜻밖의 실수를 했을 때

슬픔은 나누면 **반으로,**
기쁨은 나누면 **두 배로!**

뜻밖의 실수를 했을 때는……

팔로 툭 건드려 컵이 깨졌을 때, 전속력으로 달리다가 넘어졌을 때,
아는 문제를 틀렸을 때 등 뜻밖의 실수를 했을 때 여러분은 어떤 기분이 드나요?
다음 중 나의 마음을 가장 잘 전달해 줄 단어를 선택해 보세요.

- ♥ **당황하다** : 놀라거나 다급하여 어찌할 바를 모르다.
- ♥ **부끄럽다** : 매우 수줍다.
- ♥ **화들짝하다** : 갑자기 펄쩍 뛸 듯이 놀라다.
- ♥ **좌절하다** : 마음이나 기운이 꺾이다.
- ♥ **민망하다** : 얼굴을 들고 대하기가 부끄럽다.

또 다른 표현을 적어 보세요.

나의 마음을 색으로 나타내자!

나의 마음을 색으로 나타내자!

기분과 마음을 색깔로 나타낼 수 있다면 어떨까?
설렐 때는 핑크, 편안할 때는 초록,
속상할 때는 블루, 긴장될 때는 노랑,
두려울 때는 검정, 묘할 때는 보라 등!
기분에 따른 색을 스스로 정한 후
도화지를 꺼내 나의 얼굴을 그려 봐.

때로는 기다려!

참는 자에게 복이 있나니······.

마이멜로디가 전하는 행복 메시지

먹고 싶은 게 있어?

얼른 해 줄게.

요리하는 건 늘 즐거워!

누군가 널 좋아하고 있어!

너도 누군가를 아끼고 있어!

나는 너를 기대해!

따뜻한 차를 내리고,
달콤한 쿠키를 담고,
시시콜콜한 이야기를
누구보다 재미있게 나눌
네가 오길 기대해!

조심히 씨앗을 심고,
정성껏 물을 주고,
시시때때로 들러 보살피며
예쁜 꽃이 자라길 기대해!

MY MELODY

작은 몸을 더 낮추고,
서툰 마음을 숨기며,
나의 부족한 면을
네가 받아 주길 기대해!

오늘도 어김없이
나는 너를 기대해!

> 어서 오세요!
> 마이멜로디의 숲속 책방입니다.
> 원하는 책을 골라 주세요!

어린 왕자
진정한 친구를 찾는 분께 추천!

신데렐라
현재 힘든 시간을 보내고 계신 분께 추천!

크리스마스 캐럴
자꾸 누군가 미워지고
인색한 마음이 드는 분께 추천!

흥부 놀부

성실함과 정직함이
장기이자 특기인 분께 추천!

오즈의 마법사

모험심을 느끼고 도전하는 용기를
배우고 싶은 분께 추천!

미운 오리 새끼

자신의 외모나 능력에
자신이 없는 분께 추천!

좋아하다

널 너무 아끼고 좋아해!

 내 마음은……

소중하다
매우 귀중하다.
"엄마한테 나는 소중한 보물이래!"

중요하다
귀중하고 꼭 필요하다.
"몸과 마음의 건강이 중요해!"

아끼다
소중하게 여겨 돕거나 위하는 마음을 가지다.
"난 새 컴퓨터를 무엇보다 아껴!"

 덩실

 덩실

쉬다

힘들 땐 잠시 쉬자!

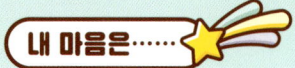
내 마음은……

내려놓다
걱정이나 근심, 욕심 따위를 잊다.

"걱정일랑 내려놓고, 일단 맛있게 먹자."

멈추다
사물의 움직임이나 동작을 그치게 하다.

"즐겁게 춤을 추다가 그대로 멈춰라!"

잊다
좋지 않은 지난 일을 신경 쓰지 않다.

"실수는 잊고 다시 해 보자!"

내 마음은……

상쾌하다
느낌이 시원하고 산뜻하다.
"아침 공기가 상쾌해!"

통쾌하다
아주 즐겁고 시원하여 유쾌하다.
"우리 팀이 이겨 통쾌해!"

산뜻하다
기분이나 느낌이 깨끗하고 시원하다.
"신제품 과일 음료는 향긋하고 산뜻해."

활기차다

신나는 음악에 맞춰
활기찬 하루 시작!

내 마음은……

명랑하다
유쾌하고 활발하다.
"밝고 명랑한 성격을 갖고 싶어."

거침없다
일이나 행동 등이 걸리거나 막힘이 없다.
"이참에 하고 싶은 말을 거침없이 다 했어."

밝다
분위기, 표정 등이 환하고 좋아 보인다.
"네가 밝게 웃으니 나까지 기분 좋아져."

으쌰!

으쌰!

아, 내일 시험 어쩌지? 걱정돼!

잠이 안 와…….

중요한 일을 앞두고 있을 때

중요한 일을 앞두고 있을 때는……

몇 달을 준비한 피아노 대회에서 연주할 때, 줄넘기와 높이뛰기 등 체육 평가를 받을 때, 한자나 영어 인증 시험을 준비할 때 등 중요한 일을 앞두고 여러분은 어떤 기분이 드나요? 다음 중 나의 마음을 가장 잘 전달해 줄 단어를 선택해 보세요.

- ♥ **불안하다** : 마음이 편하지 않다.
- ♥ **초조하다** : 애가 타서 마음이 조마조마하다.
- ♥ **애타다** : 몹시 답답하거나 안타까워 속이 끓는 듯하다.
- ♥ **안절부절못하다** : 마음이 초조하고 불안하여 어찌할 바를 모르다.
- ♥ **답답하다** : 애가 타고 갑갑하다.

또 다른 표현을 적어 보세요.

마음의 짐을 덜자!

여러분은 어떤 결정을 내릴 때 빠르게 결정하는 편인가요?
아니면 신중하게 오래 생각하는 편인가요?
사람은 누구나 살아가면서 선택을 해야 하는 상황에 놓여요.
만약 그때마다 전전긍긍 고민한다면 마음이 피로해질 거예요.
때로는 간단하고 쉬운 방법으로 마음의 부담을 덜어 보세요.
예를 들어 제비뽑기나 사다리 타기 등의 방법으로요.

그리스의 대표적인 도시 국가인 아테네에서는
관리를 뽑을 때 제비뽑기를 이용했어요.
또한 성경 속에서도 결정을 할 때
제비뽑기를 이용하는 장면이 나오지요.

가끔은 그 어떤 개입이나 조건에 상관없이 운명에 맡겨 보세요.
그럼 인정하고 받아들이는 것이 쉬워질 거예요.
어때요, 한결 마음이 가벼워지지 않나요?

달달한 걸 먹자!

달달한 음식을 먹으면
기분이 좋아져.

Banana

Chocolate

포차코가 전하는 행복 메시지

행복감 충전 완료!

물론, 건강을 위해
단 음식은 조금만~!

너도?
나도 그랬어.

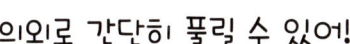

의외로 간단히 풀릴 수 있어!

어제 동생과 싸우고 후회했던 마음,
오늘 친구를 질투했던 마음,
내일 학원 가기 싫은 마음,
미래에 대해 막연히 두려운 마음

찌릿찌릿 아프게 하는 것은
쑥쑥 시원하게 뽑아드려요!

어서 오세요!
포차코 상점에 오신 걸 환영합니다!
어떤 선물이 필요한가요?
원하는 물건을 골라 보세요!

Pochacco

풍선 무거운 마음의 짐을 훌훌 털고 싶은 분께 추천!

게임기 지루한 일상에 즐거움 충전이 시급한 분께 추천!

롤러스케이트 쭉쭉 잘나가고 싶은 분께 추천!

축구공 자유자재로 기분을 조절하고 싶은 분께 추천!

마술 카드 누군가의 마음을 읽고 싶은 분께 추천!

음료 이용권 마음이 시원해지고 싶은 분께 추천!

만족하다

오늘 내 모습, 만족스러워!

 내 마음은……

흡족하다
조금도 모자람이 없을 정도로 넉넉하여 만족하다.
"요리의 맛을 보니 흡족한 미소가 지어져!"

넉넉하다
마음이 넓고 여유가 있다.
"너의 넉넉한 마음에 감동했어."

즐기다
무엇을 좋아하여 자주 하다.
"난 패션에 관심이 많아 쇼핑을 즐겨."

으쓱 으쓱

열정적이다

내 일을 열정적으로 할 거야!

주저하다

같이 놀자고 할까?
자꾸 주저하게 돼.

 내 마음은……

망설이다
이리저리 생각만 하고 태도를 결정하지 못하다.
"망설이지 말고, 시작해!"

소심하다
대담하지 못하고 조심성이 지나치게 많다.
"나는 강해 보이지만 의외로 소심해."

머뭇거리다
말이나 행동 따위를 선뜻 하지 못하고 자꾸 망설이다.
"왜 얼른 안 하고 머뭇거려?"

부끄럽다

앞에 나서기 부끄러워!

 내 마음은……

창피하다
체면이 깎이는 일이나 떳떳하지 못한 일로 부끄럽다.

"좋아하는 애 앞에서 넘어져서 너무 창피했어."

무안하다
수줍거나 창피하여 볼 낯이 없다.

"무안하게 뭘 그렇게 빤히 쳐다보니?"

쑥스럽다
행동이나 모양이 자연스럽지 못해 어울리지 않거나 우습다.

"앞에 나와 발표하기 쑥스러워."

어? 내 차례인데?

오래 기다렸는데…….

의외의 상황에 처했을 때

녹여 먹지 말고
와그작 씹자!

의외의 상황에 처했을 때는……

내 차례가 됐는데 누군가 끼어들 때, 친구가 내 물건을 망가뜨렸을 때, 억울하게 혼이 날 때 등 의외의 상황에 처했을 때 여러분은 어떤 기분이 드나요? 내 마음을 가장 잘 전달해 줄 단어는 어떤 것일까요?

- ♥ **억울하다** : 잘못 없이 꾸중을 듣거나 벌을 받거나 하여 분하고 답답하다.
- ♥ **언짢다** : 마음에 들지 않거나 좋지 않다.
- ♥ **어이없다** : 일이 너무 뜻밖이어서 기가 막히는 듯하다.
- ♥ **난처하다** : 이럴 수도 없고 저럴 수도 없어 처신하기 곤란하다.
- ♥ **어처구니없다** : 일이 너무 엄청나거나 뜻밖이어서 기가 막히다.

또 다른 표현을 적어 보세요.

벚나무의 벚꽃과 버찌

벚꽃의 '벚(버찌)'은 '벚나무의 열매'를 뜻해요.
서양에서는 '체리(cherry)'라고 부르지요.
그래서 벚꽃의 영어 이름은 버찌와 꽃을 뜻하는 말이 합쳐져
cherry blossom이 된 것이에요.
벚나무에 벚꽃이 피는 시기는 3월 말에서 4월 초예요.
화려하고 아름다운 모습은 아쉽게도 약 15일 정도만 볼 수 있는데,
절정이 지나면 꽃잎은 휘날리며 모두 떨어지게 되어요.
그 후 벚나무에 열매인 버찌가 달리게 되는 거예요.
이처럼 화려한 벚꽃과 검붉은 열매 버찌는 모두 벚나무가
만들어낸 것이에요. 그런데 사람들은 아름다운 벚꽃만을
기억하고 좋아하는 것 같아요.

사실 사람도 겉으로 보이는 모습과 숨겨진 내면의 모습이
각각 존재해요. 어떤 사람은 외면에만 신경을 쓰고,
어떤 사람은 내면에만 신경을 써요. 하지만 겉과 안 모두
여러분 자신의 모습이에요.
어느 한쪽에 치우쳐 본모습을 잃지 말고,
함께 잘 가꾸어 나가세요.

은은한 향수도 한 방울!

헬로키티가 전하는 행복 메시지

기분도 매력도 올라가!

헬로키티가 전하는 행복 메시지

꿀잠 보장~!

나의 자랑

HELLO KITTY

Being at home with the ones you love can make even the ordinary feel extraordinary.

만물박사 할아버지의 호탕한 웃음 소리
푸딩 만들기 달인 할머니의 섬세한 손길
상냥하고 솜씨 좋은 엄마의 정성스런 요리
끝없이 이어지는 아빠의 재미있는 이야기
수줍음이 매력인 내 동생의 예쁜 미소
행복함을 담은 나의 즐거운 피아노 소리

함께 있을 때 빛나고 즐거운
우리 집은 나의 자랑

어서 오세요!
헬로키티 옷가게에 오신 걸 환영합니다!
어떤 옷과 소품으로 자신을 돋보이게 하고 싶나요?
취향에 맞는 것을 골라 보세요!

원피스 부드럽고 우아해 보이고 싶은 분께 추천!

멜빵바지 활동적이고 발랄해 보이고 싶은 분께 추천!

큰 리본 포인트 소품으로 눈에 띄고 싶은 분께 추천!

선글라스 소심함은 가리면서 신비로움을 전달하고 싶은 분께 추천!

높은 구두 모임을 주도하고 싶은 분께 추천!

내 마음은……

여유롭다
행동과 생각을 느긋하고
차분하게 할 수 있는 상태이다.
"숙제를 다 끝냈으니
여유롭게 놀자!"

침착하다
태도나 행동이 흥분되는 것 없이
차분하다.
"잠깐! 다급할수록
침착하게
행동하자."

유연하다
행동이 들뜨지 않고
차분하며 여유가 있다.
"돌발 상황에 유연하게
대처했어."

여유만만

내 마음은……

들뜨다
마음이나 분위기가
가라앉지 않고 조금 흥분되다.
"여행을 떠날 생각에
들떴어."

일렁대다
마음에 흔들림이 자꾸 생기다.
"얼굴을 보고 직접 말하려니
가슴이 일렁댔어."

두근거리다
매우 놀라고 불안하거나
기분이 좋아서 가슴이 자꾸 뛰다.
"내 이름을 부를까 봐
두근거렸어."

두근

두근

 내 마음은……

기운차다
힘이 가득하고 넘치는 듯하다.
"치어리더가 기운차게 응원해."

활발하다
생기 있고 힘차며 시원스럽다.
"강아지가 첫눈을 보며 꼬리를 활발하게 흔들어."

생기발랄하다
생기 있고, 기운이나 태도가 활발하다.
"리본을 다니 생기발랄해 보여!"

팔짝 팔짝

그립다

어릴 때가
그리워!

내 마음은……

되살아나다
잊었던 감정이나 기억, 기분 등이 다시 생각나거나 느껴지다.

"추억의 음식을 먹으니 어릴 적 기억이 되살아났어."

돌이키다
지난 일을 다시 생각하다.

"친구와 싸웠는데, 돌이켜 생각하니 내 잘못이었어."

떠오르다
기억이 되살아나거나 잘 구상되지 않던 생각이 나다.

"전학 온 친구를 보니 이사 간 친구의 얼굴이 떠올랐어."

새록 새록

세상에 혼자만 남은 것 같을 때

세상에 혼자만 남은 것 같을 때……

아무도 내 전화를 받지 않을 때, 집에 돌아왔는데 아무도 반겨 주지 않을 때, 친구들이 나만 빼고 즐거울 때 여러분은 어떤 기분이 드나요?
내 마음을 가장 잘 전달해 줄 단어는 어떤 것일까요?

- ♥외롭다 : 홀로 되거나 의지할 곳이 없어 쓸쓸하다.
- ♥서럽다 : 원통하고 슬프다.
- ♥섭섭하다 : 서운하고 아쉽다.
- ♥분하다 : 억울한 일을 당하여 화나고 원통하다.
- ♥허전하다 : 무엇을 잃거나 의지할 곳이 없어진 것 같이 서운한 느낌이 있다.

또 다른 표현을 적어 보세요.

아모르파티!

아모르파티(amor fati)

독일의 유명한 철학자 니체가 남긴 명언
'아모르파티'는 '운명을 사랑하라'는 뜻의 라틴어예요.
혹시 여러분 중에 금수저, 흙수저를 운운하며
낙담하고 있는 친구가 있나요?
하지만 운명은 스스로 개척해 나가는 것이에요.
완벽해 보이는 사람이라도 피해갈 수 없는 위기가 있기 마련이지요.
작게는 친구와 싸우거나 시험을 망치는 일,
크게는 부모님이 헤어지거나 사고로 다치는 일 등
고통, 슬픔, 고비는 누구에게나 있어요.
그러니 어떤 일이 펼쳐질지 모르는 인생의 주인공으로서
여러분 자신이 각 상황에서 어떻게 대처하는지가 더 중요해요.
자신의 운명은 자신이 만드는 것! 자신의 운명을 사랑하세요!

미래를
걱정하기보다
대비하자!

나의 기도가 이루어지길······.

쿠로미가 전하는 행복 메시지

너와 함께 울어 줄게!

넘어지면 어때?

아야······.

> 쿠로미가 전하는 행복 메시지

다시 일어서면 되지!

혼자 말고 함께!

너와 함께 걷는 길은
신나고 즐거워!
너와 함께 먹는 떡볶이가
최고로 맛있어!
너와 함께 나누는 이야기는
너무 재밌어!

혼자 말고 함께,
우리 함께 있을 때 행복해!

어서 오세요!
즐길 거리가 가득한 쿠로미 놀이공원에 오신 걸 환영합니다. 어떤 놀이기구를 타고 싶나요?
가장 끌리는 놀이기구를 골라 보세요!

회전목마 몽글몽글 따뜻한 감성을 느끼고 싶은 분께 추천!

급류 타기 보트 짜릿짜릿 스릴을 느끼고 싶은 분께 추천!

열기구 두둥실 풍선처럼 마음이 가벼워지고 싶은 분께 추천!

바이킹 영차영차 고민과 문제를 해결하고 싶은 분께 추천!

범퍼카 쾅쾅 직접 부딪치며 스트레스를 풀고 싶은 분께 추천!

내 마음은……

생소하다
무엇이 친숙하지 못하고 낯이 설다.
"외국에서는 생소한 것 투성이야."

미숙하다
아직 익숙하지 못해 서투르다.
"난 수학 실력이 미숙해."

서투르다
일이나 사람 등에 익숙하거나 능숙하지 못하다.
"나는 마음을 말로 표현하는 게 서둘러."

긴가 민가

열다

들어와. 내 마음의 문을 열었어!

이러면 안 되는데…….

무리한 부탁을 받았을 때

무리한 부탁을 받았을 때는……

소중한 내 물건을 달라고 조를 때,
숙제를 대신 해달라고 할 때,
비싼 간식을 사달라고 할 때 등 무리한 부탁을 받았을 때 여러분은 어떤 기분이 드나요?
내 마음을 가장 잘 전달해 줄 단어는 무엇일까요?

- ♥ 화나다 : 못마땅해 노엽고 답답한 감정이 생기다.
- ♥ 부담스럽다 : 어떠한 의무나 책임을 져야 할 듯한 느낌이 있다.
- ♥ 귀찮다 : 마음에 들지 않아 괴롭거나 성가시다.
- ♥ 짐스럽다 : 귀찮고 부담이 된다.
- ♥ 거북하다 : 마음이 어색하고 편하지 않다.
  몸이 찌뿌드드하고 괴로워 움직임이 자유롭지 못하다.

또 다른 표현을 적어 보세요.

따뜻한 코코아

추운 겨울 외출 후 집에 돌아와
따뜻한 코코아 한 잔을 마신다고 상상해 보세요.
달콤한 향기와 맛이 떠오르며 미소가 번질 거예요.
실제로 따뜻한 코코아를 마시면,
추위와 피로가 녹으며 행복함이 느껴져요.
이는 코코아를 만드는 주재료인
카카오나무 열매 씨 덕분이에요.
카카오에 들어있는 성분이 마음을 안정시키고,
스트레스를 풀어주는 효과가 있답니다.

오늘 소중한 사람과 함께 코코아 한 잔 어때요?

행복을 키우자!

폼폼푸린이 전하는 행복 메시지

함께하면 더 행복해!
나누면 더 행복해져!

폼폼푸린이 전하는 행복 메시지

너도 날 한껏 안아 줄래?

행복은 바로
옆에 있었어!

행복은 바로 친구의 웃음에 있더라.
행복은 바로 가족의 사랑에 있더라.
행복은 바로 마음 속에 있더라.
행복은 네가 원하면 어디든 있더라.

어서 오세요!
폼폼푸린 제과점에 오신 걸 환영합니다.
먹고 싶은 동물 쿠키를 골라 보세요!

토끼 쿠키 다른 사람의 이야기를 잘 들어주고 싶은 분께 추천!

고양이 쿠키 등을 긁어주듯 답답한 고민을 풀고 싶은 분께 추천!

개구리 쿠키 잠시 쉬었다 다시 폴짝 뛰어오르고 싶은
분께 추천!

강아지 쿠키 전적인 응원과 지원을 받고 싶은 분께 추천!

쥐 쿠키 요리조리 힘든 일을 피하고 싶은 분께 추천!

🏠 내 마음 표현하기 알맞은 단어 연결하기

시나모롤이 친구들과 함께 즐거운 시간을 보내고 있어.
그림을 잘 보고, 각 캐릭터에 어울리는 단어를 찾아 연결해 보자.

단어를 연결했다면, 이번에는 문장으로 완성해 보세요.
다양한 단어를 알고 적절히 사용할 수 있다면, 자신의 마음을
표현할 때 큰 도움이 될 거예요.

심리테스트 결과1 나에게 맞는 스트레스 해소법

원하는 아이스크림을 골라 봐.

❶ 딸기맛   ❷ 바나나 초코   ❸ 다크 초코맛
❹ 바닐라맛   ❺ 민트맛

🎨 심리테스트 결과 2 쉬는 날 하고 싶은 것

호감이 가는 반려견을 골라 봐.

① 책과 신문을 좋아하는 반려견
② 폭신한 인형 촉감에 빠진 반려견
③ 편히 자고 있는 반려견
④ 뛰어다니며 공놀이하는 반려견

심리테스트 1 결과 **나에게 맞는 스트레스 해소법**

❶ 딸기맛

기분까지 새로워지는 나만의 쇼핑

평소에 갖고 싶었던 물건을 사면서
스트레스를 푸는 것도 좋아요.

❷ 바나나 초코맛

꽁했던 마음이
풀어지는 수다 떨기

마음 맞는 친구와
이런저런 얘기를
하다 보면 마음이
뻥 뚫릴 거예요.

❸ 다크 초코맛

스스로에게 맛있는 걸 선물하기

맛있고 유명한 빵, 아이스크림 같은 디저트를
먹으며 기분전환을 하는 것도 좋아요.

❺ 민트맛

복잡한 생각하지 말고
몸을 움직이기

운동하거나 산책하면서
신선한 공기를 마시면
머리가 맑아질 거예요.

❹ 바닐라맛

아무것도 안 하고 편히 쉬기

멍~ 하니 아무 생각 없이 편하게 쉬다
보면 새 힘이 충전될 거예요.

심리테스트 2 결과 **쉬는 날 하고 싶은 것**

❶ 책과 신문을 좋아하는 반려견 호기심 많은 너

쉴 때 충분한 독서로 지식과
즐거움을 채우고 싶어 해요.

❷ 폭신한 인형 촉감에 빠진 반려견
한 분야에 깊은 관심을 가진 너

쉴 때 아무런 방해도 받지 않고
좋아하는 것에만 몰두하고 싶어 해요.

❸ 편히 자고 있는 반려견
늘 시간에 쫓기는 너

쉴 때 부족한 잠을 자고
먹고 싶었던 것도 충분히
먹으면서 여유를 누리고 싶어 해요.

❹ 뛰어다니며 공놀이하는 반려견
함께하는 시간을 소중히 여기는 너

쉴 때 가족 또는 친구와 여행을 가거나
시간을 보내며 좋은 추억을
만들고 싶어 해요.

Sanrio characters 마음사전

1판 1쇄 발행 | 2024년 3월 27일 **1판 2쇄 발행** | 2025년 5월 5일
구성·글 | 방유진
발행인 | 심정섭 **편집인** | 안예남
편집 팀장 | 최영미 **편집** | 이은정, 허가영 **디자인** | 박수진
브랜드 마케팅 | 김지선 **출판마케팅** | 홍성현, 김호현 **제작** | 정수호
발행처 | 서울문화사 **등록일** | 1988.2.16. **등록번호** | 제2-484
주소 | 04376 서울특별시 용산구 새창로 221-19
전화 | 02-791-0708(판매), 02-799-9147(편집)
※ 잘못된 제품은 구입처에서 교환해 드립니다.

ISBN 979-11-6923-791-887-8

Sanrio LICENSE © 2024 SANRIO CO., LTD. FOR SALE IN KOREA ONLY
※ 본 제품은 ㈜산리오코리아와 ㈜서울문화사의 라이선스 계약에 따라,
　한국 내에서만 판매를 허락받은 제품이며, 본 제품 및 캐릭터의 무단복제를 금합니다.

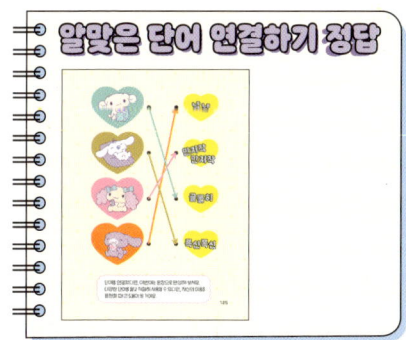